AF187405

Impressum
Verlag: BABADADA GmbH, Nedderfeld 112 , 22529 Hamburg
Geschäftsführer / Verlagsleitung: Harald Hof
Druck: Books on Demand GmbH, In de Tarpen 42, 22848 Norderstedt

Imprint
Publisher: BABADADA GmbH, Nedderfeld 112 , 22529 Hamburg, Germany
Managing Director / Publishing direction: Harald Hof
Print: Books on Demand GmbH, In de Tarpen 42, 22848 Norderstedt, Germany

skole

ښوونځی

klasseværelse
ټولګی
dividere
تقسیم
186/2
tavle
بورډ
skolegård
د ښوونځي حویلی
lærer
ښوونکی
papir
ورق
skrive
لیکل
pen
قلم
skrivebord
ډیسک
lineal
خط کش
bog
کتاب
elev
زده کونکی

skoletaske

کڅوړه

penalhus

د پنسل بکسه

blyant

پنسل

blyantspidser

پنسل تراش

viskelæder

ربړ

tegneblok

د رسامۍ پاڼه

2 skole - ښوونځی

tegning

رسامي

pensel

د نقاشۍ برس

æske med vandfarver

د نقاشۍ بکس

saks

قیچي

lim

سریښ

opgavehefte

د تمرین کتاب

lektie

کورنۍ دنده

12

tal

شمیر

2+2

addere

جمع

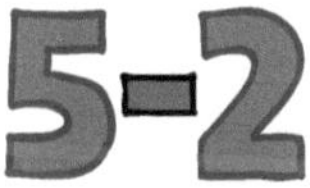

5-2

subtrahere

منفي

2×2

multiplicere

ضرب

regne

حساب

A

bogstav

توری

ABCDEFG
HIJKLMN
OPQRSTU
VWXYZ

alfabet

الفبا

hello

ord

کلمه

tekst

متن

læse

لوستل

kridt

تباشیر

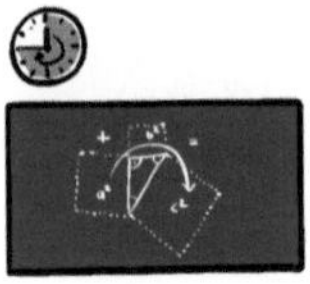

time

درس

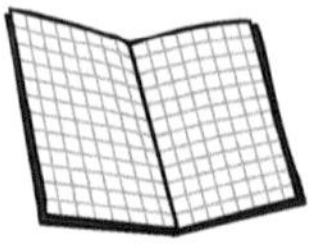

klasseprotokol

راجستر

eksamen

ازموینه

karakterbog

تصدیق پاڼه

skoleuniform

د ښوونځي یونیفارم

uddannelse

تعلیم

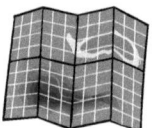

leksikon

دایره المعارف

universitet

پوهنتون

mikroskop

مایکروسکوپ

kort

نقشه

papirkurv

اشغالدانی

hotel
هوتل

Grand

herberg
لیلیه

ROOMS

vekselkontor
د اسعارو د کبادلی دفتر

€CHANGE
D

kuffert
بکس

bil
موټر

sprog

ژبه

ja / nej

هو /نه

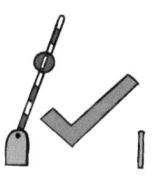

okay

سمه ده

hej

سلام

oversætter

ژباړونکی

tak

مننه

hvad koster…?

....

څومره دي...؟

Jeg forstår ikke

....

زه نه پوهیږم

problem

....

ستونزه

God aften!

....

ماښام مو پخير!

God morgen!

....

سهار په خير!

God nat!

....

شپه په خير!

farvel

....

په مخه مو ښه

retning

....

لارښود

bagage

....

سامان

taske

....

بیګ

rygsæk

....

شاتنی بکس

gæst

....

میلمه

værelse

....

خونه

sovepose

....

د خوب کڅوړه

telt

....

خیمه

turistinformation

د توریزم معلومات

strand

ساحل

kreditkort

کریډیټ کارت

morgenmad

ناری

middagsmad

د غرمې خواړه

aftensmad

د شپې خواړه

billet

ټیکټ

elevator

لفټ

frimærke

مهر

grænse

پوله

told

ګمرک

ambassade

سفارت

visum

ویزه

pas

پاسپورټ

transport

ټرانسپورټ

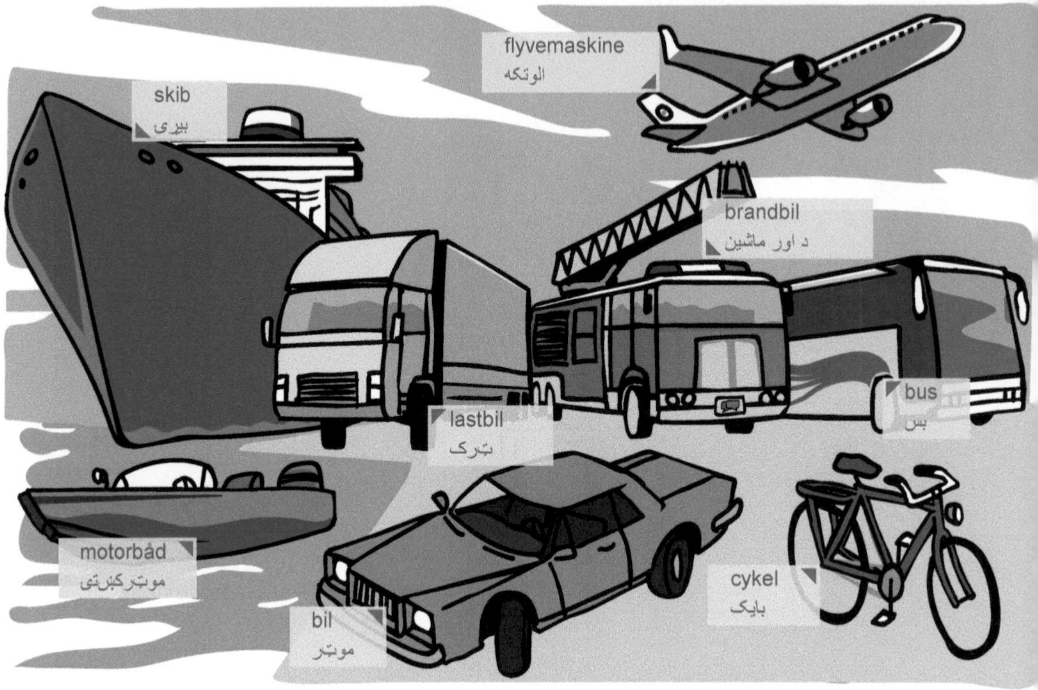

flyvemaskine
الوتکه
skib
brandbil
د اور ماشین
lastbil
bus
بس
motorbåd
cykel
بایک
bil

færge

کښتۍ

båd

کښتۍ

motorcykel

موټرسایکل

politibil

د پولیسو موټر

racerbil

د ریس موټر

lejebil

کرایی موټر

samkørsel

د کرایه موټري

kranbil

جرثقیل لرونکی ټرک

skraldebil

ریفیوز ټرک

motor

موټر

benzin

سونګ توکي

tankstation

پټرول سټیشن

trafikskilt

ترافیکي نښه

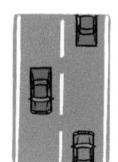

trafik

ترافیک

trafikprop

جام ترافیک

parkeringsplads

د موټرو تمځای

banegård

د ریل سټیشن

skinner

پاټکي

tog

ریل

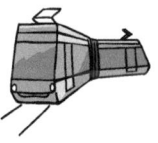

sporvogn

ټرام

wagon

واګون

helikopter

چورلکه

lufthavn

هوايي ډګر

tårn

برج

passager

مسافر

container

کانټينر

karton

کارتون

kærre

کارټ

kurv

ټوکری

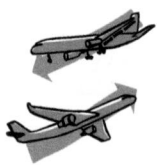

starte / lande

الوتنه کول/کښېناستل

by

ښار

landsby

کلی

bymidte

د ښار مرکز

hus

کور

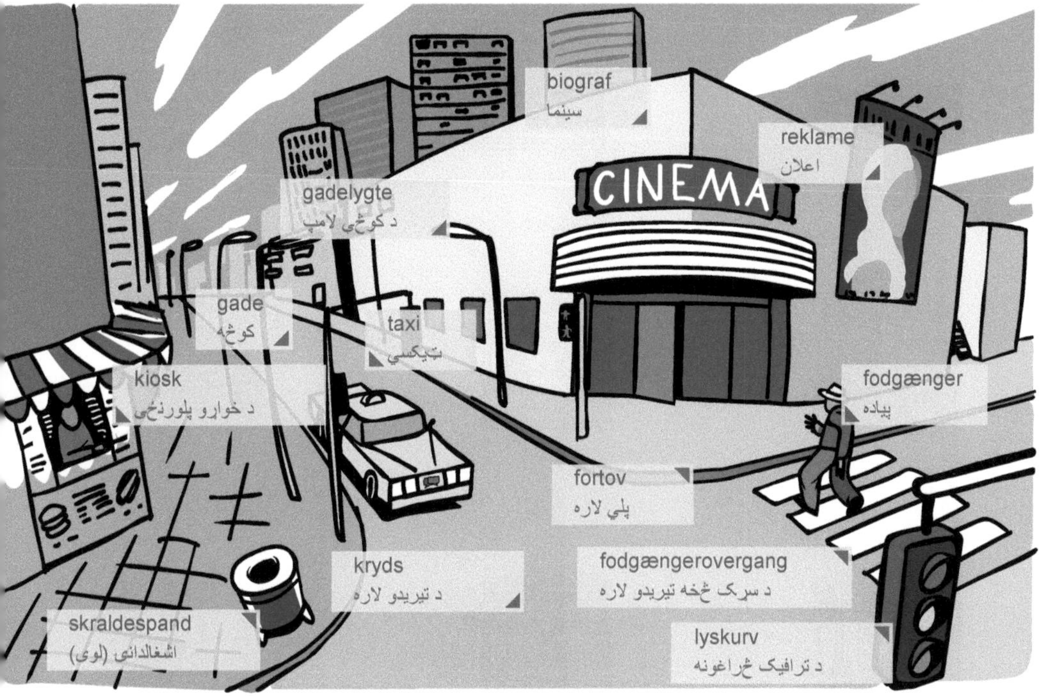

CINEMA

biograf — سينما

reklame — اعلان

gadelygte — د کوڅې لامپ

gade — کوڅه

taxi — ټيکسي

kiosk — د خوارو پلورنځی

fodgænger — پياده

fortov — پلي لاره

kryds — د تيريدو لاره

fodgængerovergang — د سړک څخه تيريدو لاره

skraldespand — اشغالدانی (لوی)

lyskurv — د ترافيک څراغونه

hytte

کودله

lejlighed

اپارتمان

banegård

د ريل ستيشن

rådhus

ټاون هال

museum

ميوزيم

skole

ښوونځی

universitet

پوهنتون

bank

بانک

sygehus

روغتون

hotel

هوټل

apotek

درملتون

kontor

دفتر

boghandel

کتاب پلورنځی

butik

پلورنځی

blomsterbutik

د ګلانو پلورنځی

supermarked

لوی پلورنځی

marked

مارکیټ

stormagasin

د ډیپارټمنټ سټور

fiskehandler

کب پلورنځی

butikscenter

د پلور مرکز

havn

لنګرتون

park

پارک

bænk

بینچ

bro

پل

trappe

زینه

undergrundsbane

د ځمکي لاندي

tunnel

تونل

busstoppested

بس تمځای

barnevogn

بار

restaurant

ریستورانټ

postkasse

پوست بکس

vejskilt

د کوڅې نښه

parkometer

د پارک کولو میټر

zoo

ژوبڼ

badeanstalt

د لامبو حوض

moske

مسجد

bondegård

کرونده

miljøforurening

ناپاکي

kirkegård

هدیره

kirke

چرچ

legeplads

د لوبو ډکر

tempel

معبد/کلیسا

landskab

منظره

blad
پانه

vejviser
د لارښوونې نښه

vej
لاره

eng
چمن

sten
کانی

træ
ونه

vandrer
هیکر

flod
سیند

græs
واښه

blomst
ګل

dal

دره

bjerg

غونډۍ

sø

ناور

skov

ځنګل

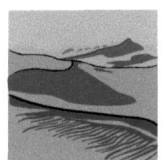

ørken

دښته

vulkan

اورشیندی

slot

کلا

regnbue

رنګین کمان

svamp

مرخیړي

palme

پلم ونه

moskito

ماشي

flue

الوتل

myre

میږی

bi

مچۍ

edderkop

غونډل/جولا

bille

گونگټ

frø

چونگښه

egern

نولی

pindsvin

زیږکی

hare

سوی

ugle

گونک

fugl

مرغی

svane

قازه

vildsvin

نرخوګ

hjort

هوسی

elg

گاوزه

dæmning

بند

vindmølle

بادي توربين

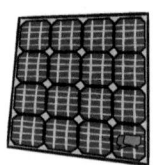

solcellemodul

سولر تختي

klima

اقليم

tjener
پیشخدمت

spisekort
مینو

stol
چوکی

suppe
سوپ

pizza
پیزا

bestik
بر‌ماخی، چاقو، کاشوغه

borddug
د میز پټوپته

forret
ستارتر

hovedret
اصلي خواره

dessert
شیرنی

drikkevarer
څښاک

mad
خواره

flaske
بوتل

fastfood

فاسټ فوډ

streetfood

د کوڅې خواړه

tekande

چای جوش

sukkerdåse

قندانی

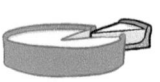

portion

برخه

espressomaskine

اسپرسو مشین

barnestol

لوړه چوکی

faktura

رسید

tablet

مجمه

kniv

چاکو

gaffel

پنجه

ske

قاشق

teske

چای قاشق

serviet

سورویت

glas

ګلاس

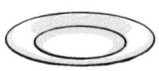

tallerken

پلیټ

dyb tallerken

د سوپ پلیټ

underkop

نالبکی

sovs

ساس

saltbøsse

مالګه شیندونکی

peberkværn

د مرچ ټکولو لوخی

eddike

سرکه

olie

غوړي

krydderier

مساله

ketchup

کچ اپ

sennep

شرشم

mayonnaise

چکه

supermarked

لوی پلورنځی

tilbud
ځانګړی وړاندیز
FOR
kunde
پېرودونکی
mælkeprodukter
لبنيات
frugt
میوه
indkøbsvogn

slagter

قصابي

bageri

نانوایی

veje

وزن کول

grøntsager

سبزيجات

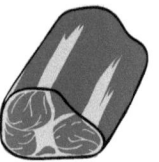

kød

غوښه

frostvarer

کنګل خواړه

pålæg

يخه غوښه

konserves

کنسروا خواړه

vaskemiddel

د مينځلو پوډر

slik

شيريني

husholdningsvarer

کورني توليدات

rengøringsmidler

د پاکولو محصولات

ekspedient

د پلور فرد

kasse

د نغدي راجستر

kasserer

صراف

indkøbsliste

د پيرود ليست

åbningstider

کاري ساعتونه

tegnebog

بټوه

kreditkort

کريډيټ کارت

taske

کڅوړه

plasticpose

پلاستيک کڅوړه

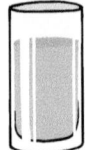

drikkevarer

څښاک

vand

اوبه

saft

جوس

mælk

شیده

cola

کوک

vin

واین

øl

بیر

alkohol

الکول

kakao

ککاو

te

چای

kaffe

کافي

espresso

اسپرسو

cappuccino

کپچینو

mad
خواړه

banan

کیله

æble

مڼه

appelsin

نارنج

melon

هندوانه

citron

لیمو

gulerod

گازره

hvidløg

هوږه

bambus

بانکس

løg

پیاز

svamp

مرخیړي

nødder

چغزی

nudler

آش

spaghetti
....
سپیګټي

ris
....
وریجې

salat
....
سلاد

pomfritter
....
چپس

stegte kartofler
....
سره کړي کچالو

pizza
....
پیزا

hamburger
....
همبرګر

sandwich
....
ساندویچ

schnitzel
....
کټره

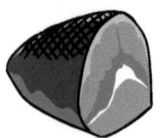

skinke
....
د پتون غوښه

salami
....
سلمي

pølse
....
ساسج

kylling
....
چرګ

steg
....
روسټ

fisk
....
کب

havregryn

د وربشي شيرني

mysli

موسلي

cornflakes

د جوار پلی

mel

اوړه

croissant

کروسانت

rundstykke

د ډوډی رول

brød

ډوډی

toast

ټوسټ

kiks

بسکیټ

smør

کوچ

kvark

چکه

kage

کیک

æg

هګی

spejlæg

پښي هګی

ost

پنیر

is

آیس کریم

sukker

بوره

honning

شهد

marmelade

مربا

nougat-creme

نوگات کریم

karry

کورکمان

bondehus
د کروندی خونه

skur
غوجل

halmballer
د بوسو گیډی

mark
خمکه

hest
اس

anhænger
لاس گاډی

føl
کوچنی اس

traktor
تراکتر

æsel
خر

lam
ورۍ

får
پسه

ged

وزه

ko

غوا

kalv

خوسکی

svin

خوگ

gris

د خوگ بچی

tyr

غویی

gås

بته

and

هیلۍ

kylling

چرګوړی

høne

چرګه

hane

بانګي

rotte

سارای موږک

kat

پیشک

mus

موږک

okse

غویی

hund

سپی

hundehus

د سپي خونه

haveslange

د باغ هوز

vandkande

د اوبو لوخی

le

لور (داس)

plov

یوی

segl

لور

hakkejern

رمبی

møggreb

ښاخی

økse

تبر

trillebør

ګراچی

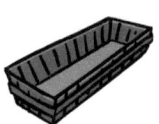

trug

ناوه

mælkekande

د شیدو لوخی

sæk

جوال

hæk

کټاره

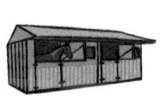

stald

مضبوط

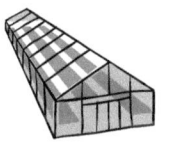

drivhus

شنه خونه

jord

خاوره

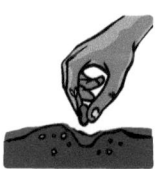

frø

تخم

gødning

سره/کود

mejetærsker

ګـډ ریبونکی ماشین

høste

زیرمه کول

høst

درمند

yams

خواږه کچالو

hvede

غنم

soja

سویا

kartoffel

کچالو

majs

جوار

raps

نباتي تخم

frugttræ

د میوې ونه

maniok

مانیوک

korn

غله

skorsten
درغه

tag
بام

tagrende
ناودان

vindue
کړکۍ

garage
گراج

dørklokke
د دروازي زنگ

dør
دروازه

skraldespand
اشغالدانۍ

postkasse
د ليک بکس

have
باغ

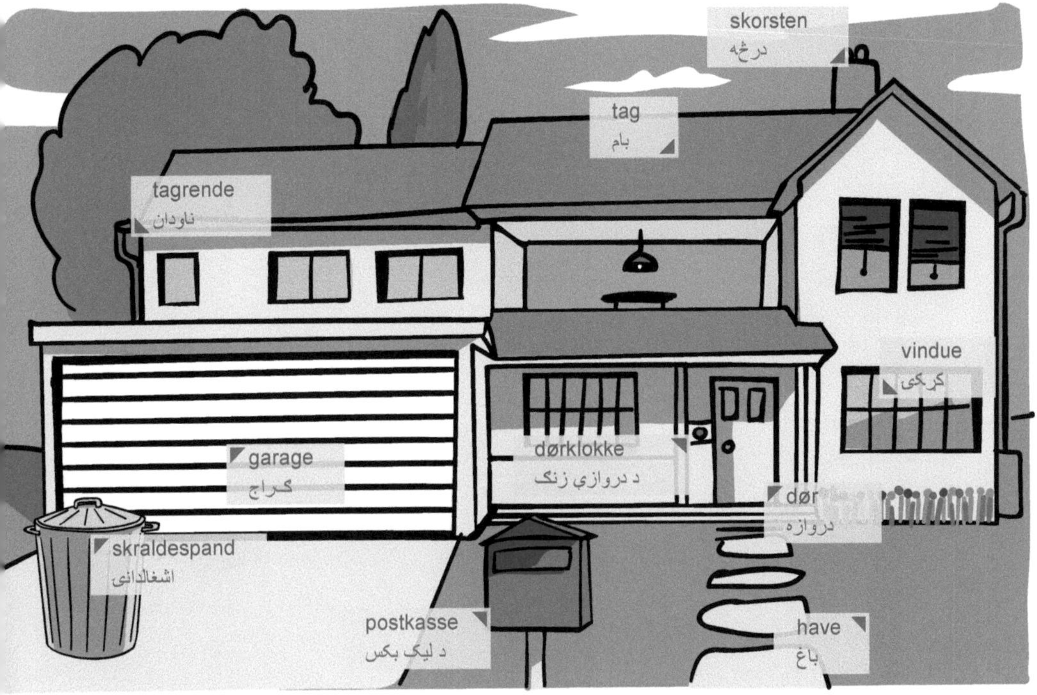

stue

د اوسیدو خونه

badeværelse

حمام

køkken

پخلنځی

soveværelse

د ویده کیدو خونه

børneværelse

د ماشوم خونه

spisestue

د خوارو خونه

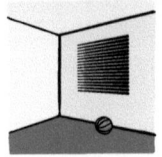

gulv

فرش

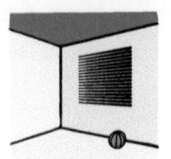

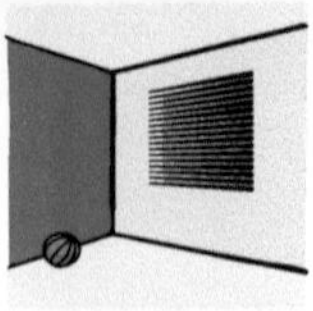

væg

دیوال

loft

چت

kælder

زیرخانه

sauna

سونا

altan

بالکوني

terrasse

ټراس

svømmehal

حوض

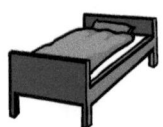

plæneklipper

د چمن وهلو ماشین

dynebetræk

شیټ

dyne

روجایی

seng

تخت

kost

جارو

spand

بوکه

kontakt

سویچ

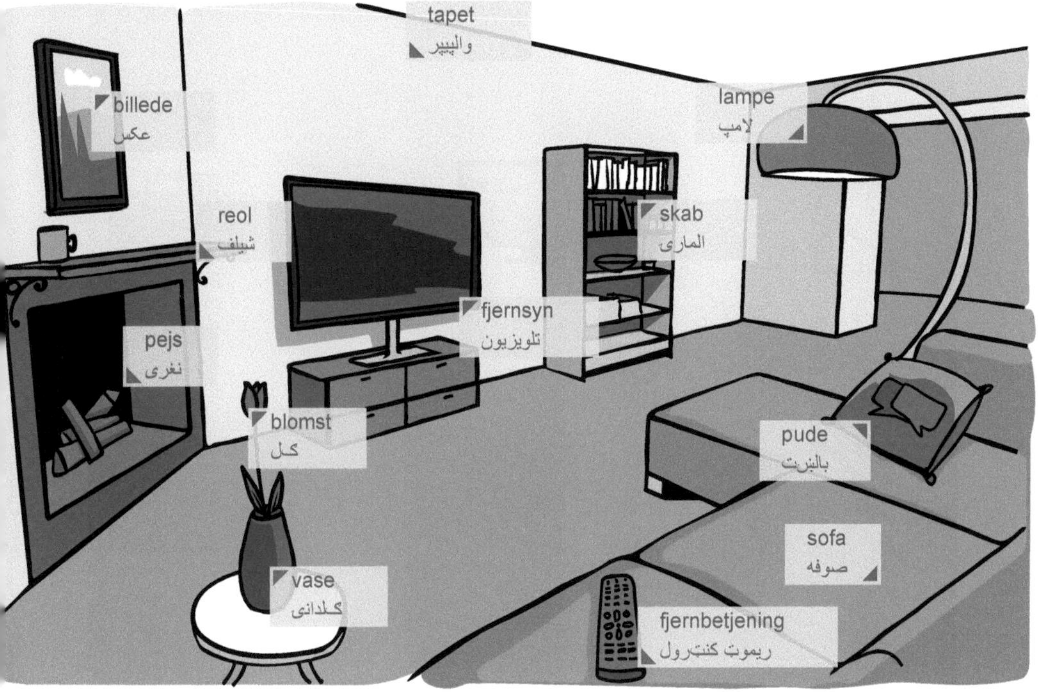

tapet
والپیپر

billede
عکس

lampe
لامپ

reol
شیلف

skab
الماری

pejs
نغری

fjernsyn
تلویزیون

blomst
ګل

pude
بالښت

sofa
صوفه

vase
ګلدانۍ

fjernbetjening
ریموټ کنټرول

gulvtæppe

غالۍ

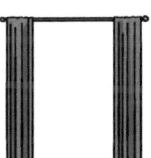

gardin

پرده

bord

میز

stol

چوکۍ

gyngestol

ټاویدونکي چوکۍ

lænestol

بازو لرونکی چوکۍ

bog

کتاب

tæppe

کمپل

dekoration

ډيکوريشن

brænde

د اور لرګي

film

فلم

stereoanlæg

هايـفاى

nøgle

کلي

avis

ورځپاڼه

maleri

نقاشي

plakat

پوسټر

radio

راډيو

notesblok

کتابچه

støvsuger

واکيوم جارو

kaktus

کاکتوس

lys

شمع

køkken
پخلنځی

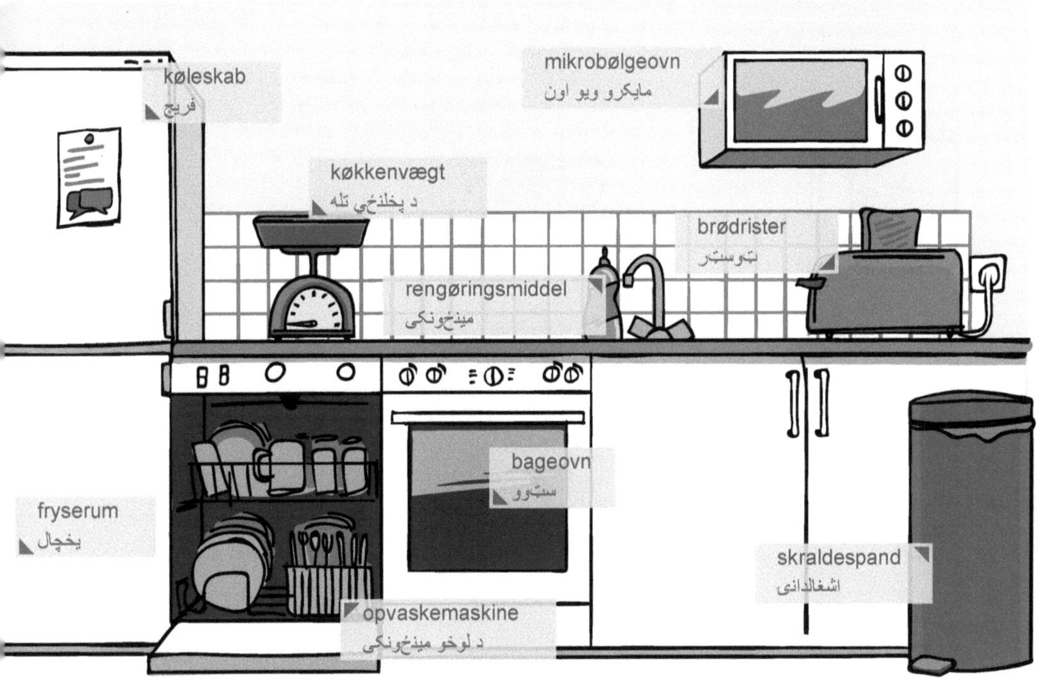

køleskab
فریج
mikrobølgeovn
مایکرو ویو اون
køkkenvægt
brødrister
ټوسټر
rengøringsmiddel
مینځونکی
bageovn
سټوو
fryserum
یخچال
skraldespand
اشغالدانی
opvaskemaskine
د لوخو مینځونکی

komfur
دیگ بخار

gryde
لوخی

jerngryde
چدني لوخی

wok / kadai
ووک

pande
د تلي په

elkedel
چای جوش

dampkoger

د بخار دیگ

bageplade

پتنوس

service

لوخي

bæger

مگ

skål

کاسه

spisepinde

د رانیولو اوزار

øseske

څمڅۍ

paletkniv

کفگیر

piskeris

پاکونکی

dørslag

صافي

si

غلبیل

rive

گریټر

morter

اونگ

grille

بار بي کيو

ildsted

خلاص اور

skærebræt
....
تخته

kagerulle
....
هوارونکی

proptrækker
....
کارک سکریو

dåse
....
ټېم

dåseåbner
....
د ټېم خلاصونکی

grydelap
....
د لوخي ټوټه

køkkenvask
....
ظرف شوی

børste
....
برس

svamp
....
سپنج

blender
....
بلینډر

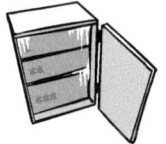

dybfryser
....
ژور یخچال

sutteflaske
....
د ماشوم بوتل

vandhane
....
نل

badeværelse

حمام

radiator
تودول
håndklæde
جان پاک
brusebad
شاور
bruserforhæng
د شاور پرده
skumbad
badekar
د حمام ټب
glas
ګلاس
vaskemaskine
د مينځلو مشين
vandhane
نل
fliser
ټايلونه
tissepotte
يو دول کمود
køkkenvask
ظرف شوی

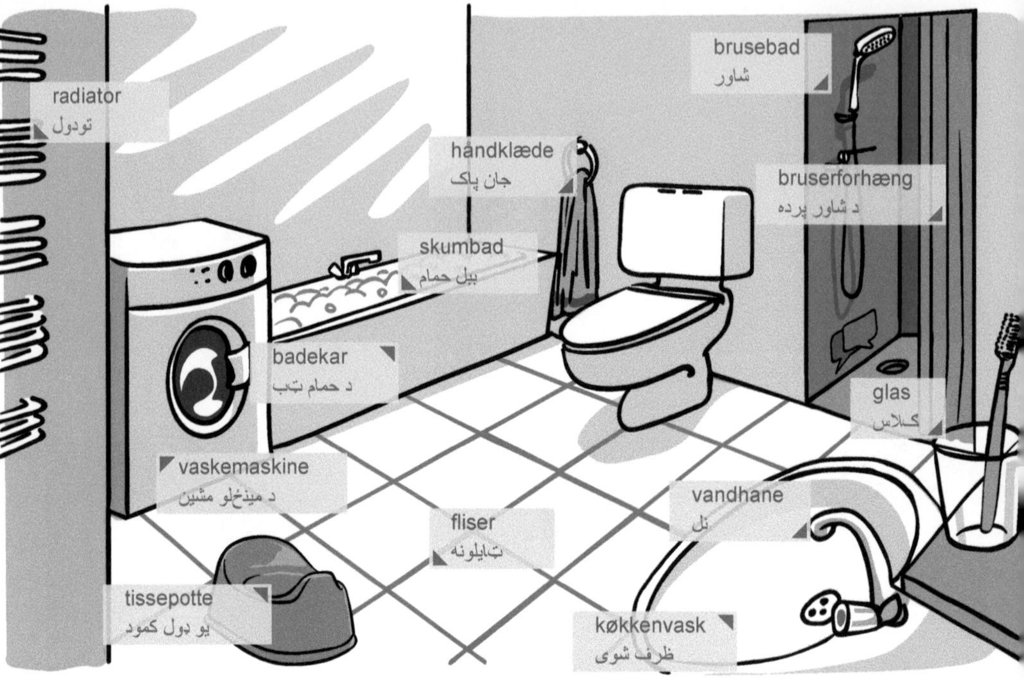

toilet

تشناب

hugsiddende toilet

فرشي کمود

bidet

کمود

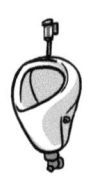

pissoir

د متيازو ځای

toiletpapir

تشناب کاغذ

toiletbørste

د تشناب برس

tandbørste

د غاښونو برس

tandpasta

د غاښونو کریم

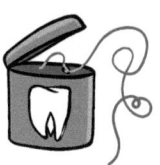

tandtråd

د غاښونو نخ

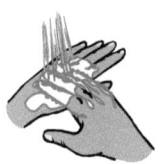

vaske

مینځل

håndbruser

لاسي شاور

intimbruser

دوش

vaskefad

خانک

badebørste

د شا برس

sæbe

صابون

brusegele

د شاور ژل

shampoo

شامپو

vaskeklud

فلانل جامه

afløb

وچول

creme

کریم

deodorant

سپری

spejl

آینه

kosmetikspejl

لاسي آینه

barberhøvl

ریزر

barberskum

د خریلو فوم

barbervand

د خریلو وروسته

kam

ګمنځ

børste

برس

hårtørrer

د ویښتانو وچونکی

hårspray

د ویښتانو سپری

makeup

میک اپ

læbestift

لیپ سټیک

neglelak

د نوکانو پالش

vat

کاټن وړی

neglesaks

ناخن ګیر

parfume

عطر

toilettaske

....

د مینځلو کڅوړه

skammel

....

سټول

vægt

....

د وزن کولو تله

badekåbe

....

د حمام پوښاک

gummihandsker

....

د ربړ دستکش

tampon

....

ټامپون

damebind

....

صحیی جان پاک

kemisk toilet

....

کیمیکل تشناب

børneværelse

د ماشوم خونه

د الارم ساعت
bamse
د لوبو وسایل
legetøjsbil
د ناڅکي موټر
skralde
dukkehus
gave

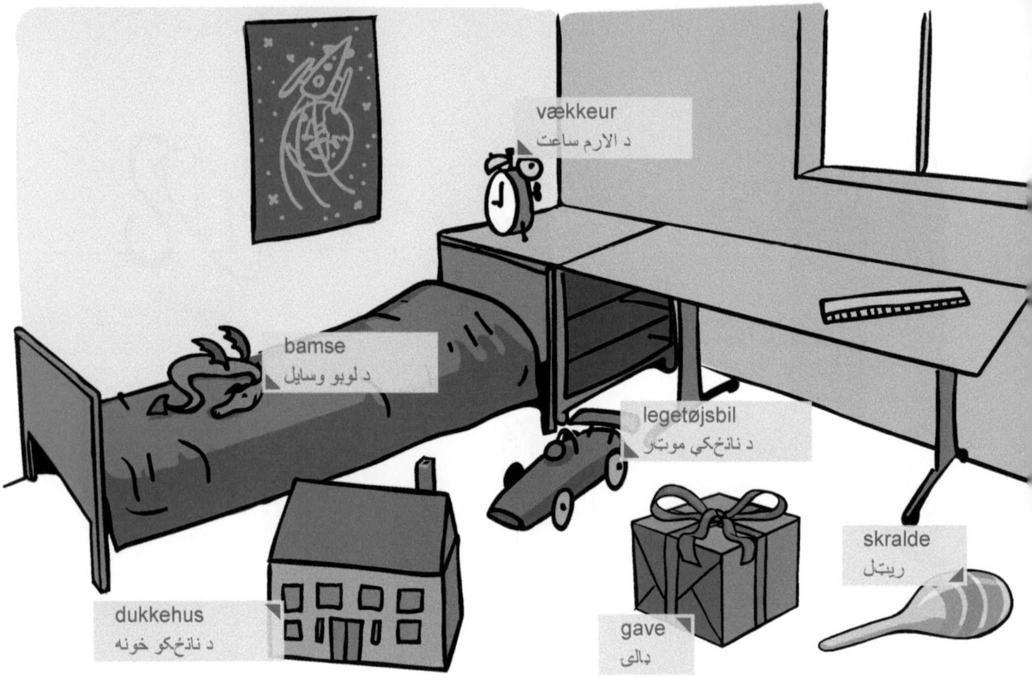

ballon

بالون

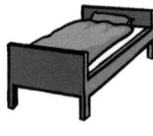

seng

تخت

barnevogn

کالسکه

kortspil

د لوبو ورقي

puslespil

جیګسا

tegneserie

مسخره

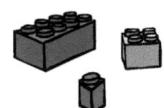

legoklodser

لیګـو بریک

byggeklodser

د نانځکو بلاک

action figur

د اکشن فیګـور

sparkedragt

د ماشوم پوښاک

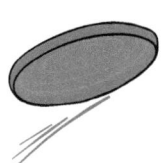

frisbee

فریزبي

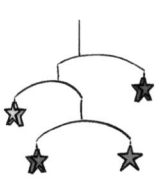

uro

موبایل

brætspil

بورډ لوبه

terning

تاس

modeljernbane

ماډل ریل سیټ

sut

ګـونګـشی

fest

پارټي

billedbog

د عکسونو البوم

bold

بال

dukke

نانځکه

lege

لوبیدل

sandkasse

د شګو کنده

gynge

سوينګ

legetøj

نانځکي

spillekonsol

د ويډيو لوبو کنسول

trehjulet cykel

ټرای سايکل

bamse

ګوډکه

klædeskab

د کالو الماری

tøj

پوښاک

sokker

جرابې

strømper

لوړې جرابې

strømpebukser

ټايټس

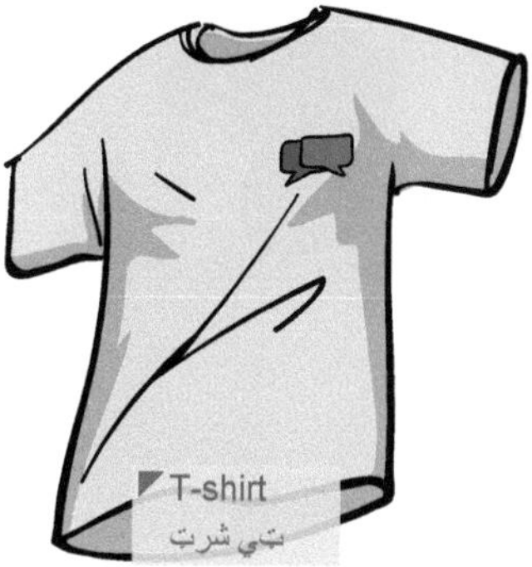

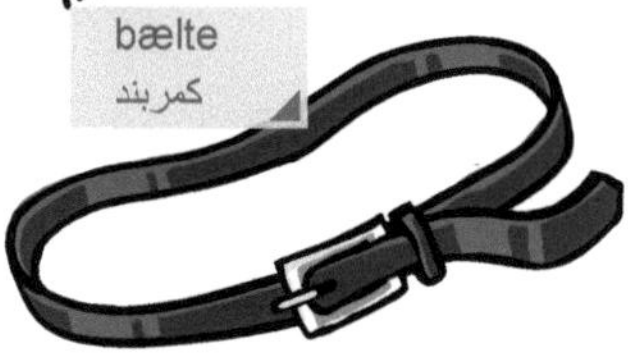

sjal
زروکی

paraply
چتری

T-shirt
تي شرت

bælte
کمربند

støvler
بوټان

hjemmesko
سلیپر

sneakers
سنیکر

sandaler

سیندل

sko

بوټان

gummistøvler

د ربر بوټان

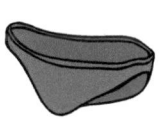

underbukser

زیرنیکري

BH

سینه بند

undertrøje

واسکټ

body

بادي

bukser

پتلون

jeans

جينز

nederdel

لمن

bluse

بلاوز

skjorte

شرټ

pullover

بنيان

sweatshirt

سويټر

blazer

بليزر

jakke

جاکټ

frakke

کوټ

regnfrakke

د باران کوټ

kostume

پوښاک

kjole

کالي

brudekjole

د واده پوښاک

jakkesæt

دريشي

nattrøje

د شپې پوښاک

pyjamas

پاجامه

sari

ساړي

hovedtørklæde

لوپټه

turban

پټکی

burka

برقه

kaftan

کفتن

abaya

عبا

badedragt

د لامبو پوښاک

badebukser

نیکر

korte bukser

شارټ

træningsdragt

د ځغاستې پوښاک

forklæde

پیش بند

handsker

دستکش

knap

بټن

briller

عينک

armbånd

لاس بند

kæde

غاړه کۍ

ring

ګوتمه

ørering

غوږوالۍ

hue

خولۍ

bøjle

کوټ بند

hat

خولۍ

slips

ټايي

lynlås

ځنځير

hjelm

هيلميټ

seler

تړونکی

skoleuniform

د ښوونځي يونيفارم

uniform

يونيفارم

hagesmæk

بيب

sut

گـونـگـشـی

ble

نيپي

kontor

دفتر

server
سرور
arkivskab
د دوسيه الماری
printer
پرينټر
papir
ورق
skærm
مانيټور
mus
ماوس
skrivebord
ډيسک
mappe
فولډر
tastatur
کي بورډ
papirkurv
اشغالدانی
computer
کمپيوټر
stol
چوکی

kaffekrus

د کافي پياله

lommeregner

کالکوليټر

internet

انټرنيټ

bærbar

لپ ټاپ

brev

لیک

besked

پیغام

mobil

موبایل

netværk

نیټورک

kopimaskine

فوټوکاپیر

software

سافټویر

telefon

تلیفون

stikdåse

پلګ ساکټ

fax

فکس مشین

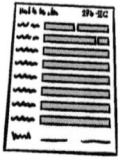

formular

فارم

dokument

سند

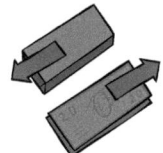

købe

پیرل

betale

تادیه کول

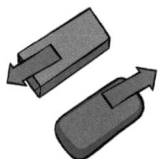

handle

سوداګري کول

penge

پیسې

dollar

ډالر

euro

یورو

yen

ین

rubel

ربل

schweizerfranc

سویسي فرانک

renminbi yuan

رینمینبي یوان

rupee

روپۍ

hæveautomat

د نغدي پیسو ځای

vekselkontor

د اسعارو د تبادلي دفتر

guld

سره زر

sølv

سپین زر

olie

تیل

energi

انرژي

pris

نرخ

kontrakt

قرارداد

skat

مالیه

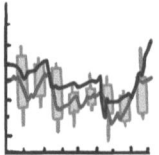

aktie

اسهام

arbejde

کار کول

ansat

کارمند

arbejdsgiver

کار گومارونکی

fabrik

فابریکه

butik

پلورنځی

brandmand
د اطفایه غړی
politimand
د پولیسو افسر
kok
آشپز
læge
pilot
پیلوټ

gartner

باغوان

tømrer

نجار

syerske

خیاط

dommer

قاضي

kemiker

کیمیا پوه

skuespiller

د فلم لوبغاړی

buschauffør

د بس ډرایور

taxachauffør

د ټیکسي ډرایور

fisker

کب نیونکی

rengøringskone

خدمه

tagdækker

بام جوړونکی

tjener

پیشخدمت

jæger

ښکاري

maler

نقاش

bager

نانوا

elektriker

د برښنا کارکونکی

bygningsarbejder

تعمیر جوړونکی

ingeniør

انجنیر

slagter

قصاب

vvs-mand

نلدوان

postbud

پوست رسونکی

soldat

سرتیری

arkitekt

مهندس

kasserer

صراف

blomsterhandler

مالیار

frisør

نایی

togfører

کلینډر

mekaniker

میکانیک

kaptajn

کپتان

tandlæge

د غاښونو ډاکټر

videnskabsmand

ساینس پوه

rabbiner

ښاغلی

imam

امام

munk

مذهبي نفر

præst

پادري

værktøj
لوازم

hammer
tang
پلاس
skruedrejer
پیچکش
skruenøgle
رینچ
lommelygte
څراغ

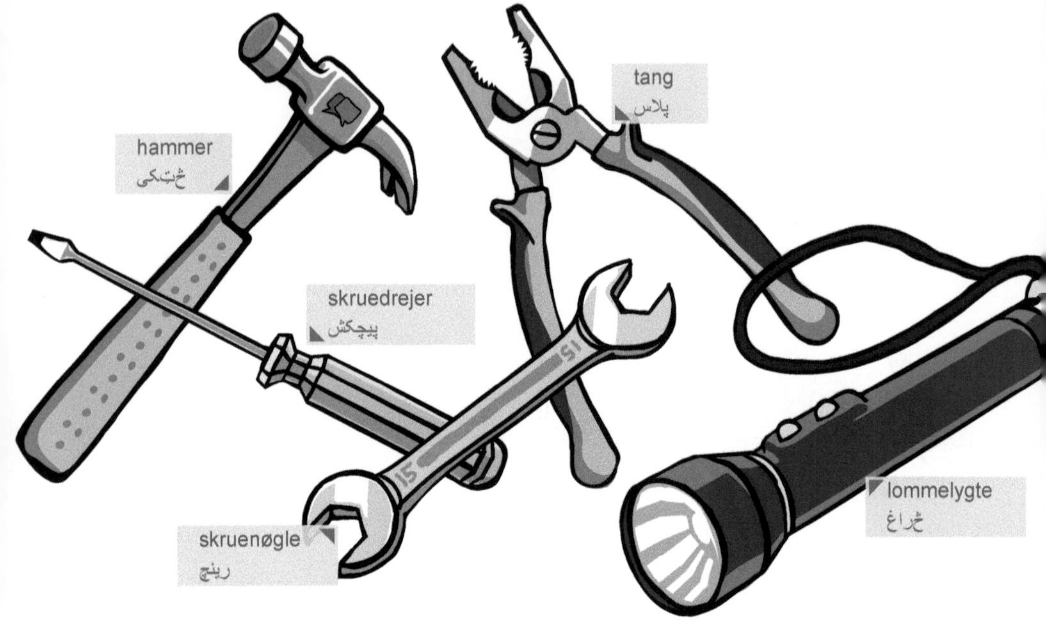

gravemaskine
کنستونکی

værktøjskasse
د لوازمو بکس

stige
زینه

sav
اره

søm
میخونه

bor
برمه

reparere

ترمیم کول

skovl

بیل

Lort!

لعنت!

fejebakke

خاک انداز

malerspand

مشواڼی

skruer

پيچونه

musikinstrumenter

د میوزیک آلات

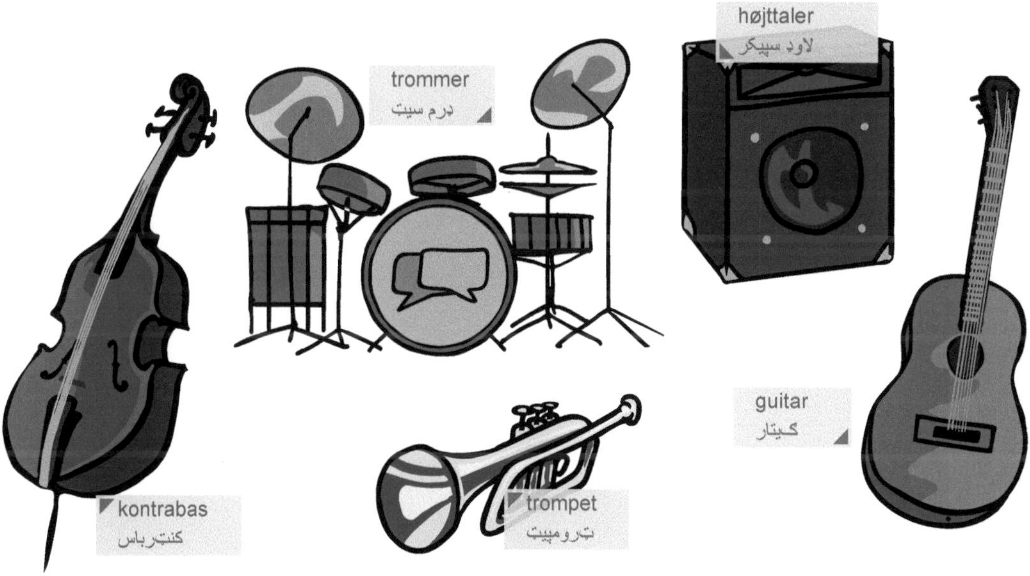

højttaler
لاود سپیکر

trommer
درم سیټ

guitar
ګیتار

kontrabas
کنتر باس

trompet
ټرومپیټ

klaver

پیانو

violin

وایلن

bas

باس

pauke

نغاره

tromme

ډرمونه

keyboard

کي بورډ

saxofon

سیکسافون

fløjte

شپیلی

mikrofon

مایکروفون

ZOO

ژوبڼ

indgang
ننوتو لاره
tiger
bur
پنجره
zebra
ګوره خر
dyrefoder
د ژویو خواړه
panda
پاندا

dyr

ژوی

elefant

هاتي

kænguru

کنګرو

næsehorn

د اوبو اسپ

gorilla

ګوریلا

bjørn

ایږه

kamel

اوښ

struds

شترمرغ

løve

زمری

abe

بیزو

flamingo

غزی

papegøje

طوطي

isbjørn

قطبي ایږه

pingvin

پینګوین

haj

شارک

påfugl

طاوس

slange

مار

krokodille

تمساح

dyrepasser

ژوبڼ ساتونکی

sæl

سیل

jaguar

جګوار

pony

يابو

leopard

پړانګ

flodhest

هيپو

giraf

زرافه

ørn

باز

vildsvin

نرخوګ

fisk

کب

skildpadde

شمشتی

hvalros

سمندري نولی

ræv

ګیدړه

gazelle

هوسی

amerikansk football
امریکایی فټبال
cykling
سایکل ځغلول
tennis
ټینیس
basketball
باسکیټبال
svømning
لامبو
boksning
باکسینګ
ishockey
د کنګل هاکي

fodbold

فټبال

badminton

کسیزه

atletik

د ځغاستي لوبې

håndbold

د هندبال

skiløb

سکي

polo

پولو

springe
ټوپ وهل
give et knus
غاړه ورکول
grine
خندل
gå
synge
سندرې ويل
drømme
خوب ليدل
bede
عبادت کول
kysse
مچو کول

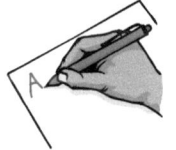

skrive
....
ليکل

tegne
....
کښل

vise
....
ښودل

skubbe
....
ټېله کول

give
....
ورکول

tage
....
اخيستل

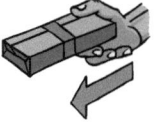

have

درلودل

gøre

کول

være

پاييدل

stå

ودريدل

løbe

منډې وهل

trække

راکښل

kaste

گوزارل

falde

لويدل

ligge

څملاستل

vente

انتظار کول

bære

وړل

sidde

کښيناستل

tage på

پوښاک اغوستل

sove

ويده کيدل

vågne

پاڅيدل

se på

کتل

græde

ژړل

ae

برید کول

kæmme

ګمنځ کول

tale

خبرې کول

forstå

پوهیدل

spørge

غوښتل

høre

اوریدل

drikke

څښل

spise

خوړل

rydde op

پاکول

elske

مینه کول

koge

پخلی کول

køre

موټر چلول

flyve

الوتل

sejle

بیړی چلول

regne

حساب

læse

لوستل

lære

زده کول

arbejde

کار کول

gifte sig med

واده کول

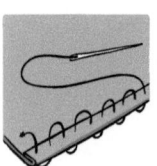

sy

ګنډل

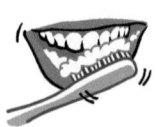

børste tænder

د غاښونو برس کول

dræbe

وژل

ryge

سګرټ څښل

sende

لیږل

bedstemor
نيا

bedstefar
نيکه

far
پلار

mor
مور

baby
ماشوم

datter
لور

søn
زوى

gæst

ميلمه

tante

ترور

onkel

كاكا/ماما

bror

ورور

søster

خور

krop

بدن

pande
تندی
øje
ansigt
مخ
hage
زنه
bryst
سینه
finger
hånd
لاس
arm
skulder
اوږه
ben
پښه

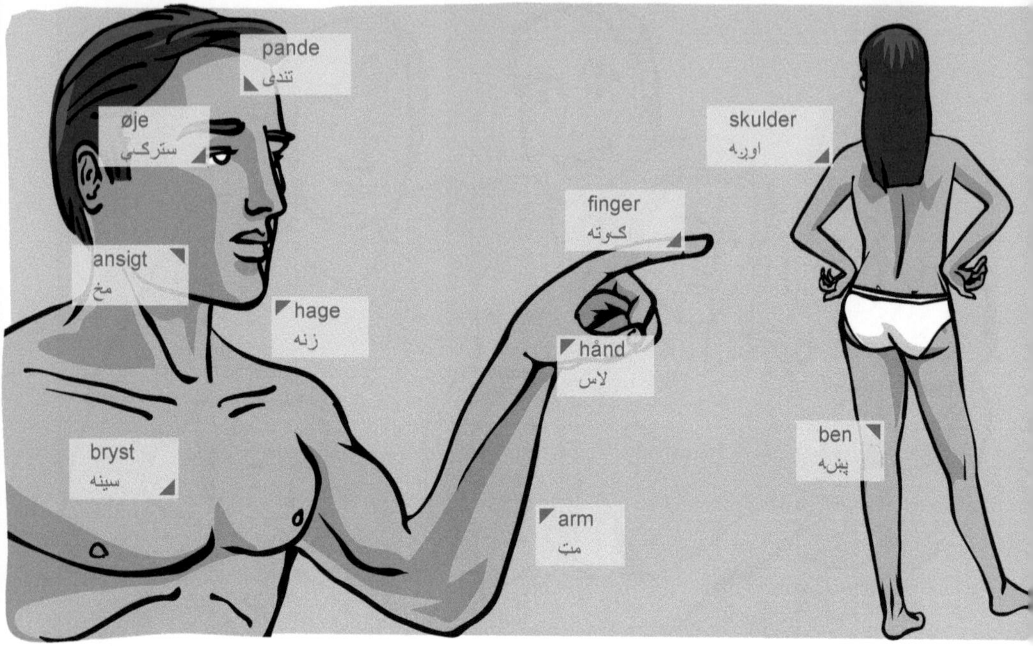

baby

ماشوم

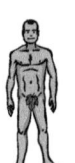

mand

سړی

kvinde

ښځه

pige

انجلۍ

dreng

هلک

hoved

سر

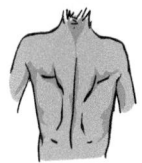

ryg

شا

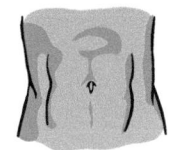

mave

خېټه

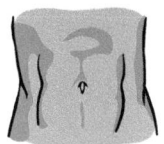

navle

نوم

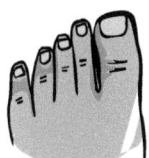

tå

د پښې ګـوته

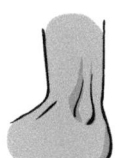

hæl

پونده

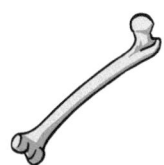

knogle

هډوکی

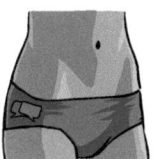

hofte

کوناټی

knæ

زنګـون

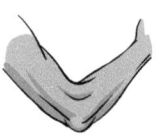

albue

څنګـل

næse

پوزه

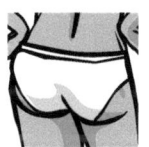

bagdel

لاندې برخه

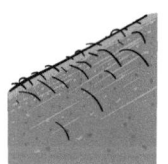

hud

پوټکی

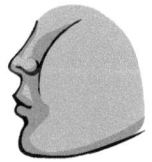

kind

غومبوری

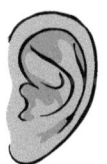

øre

غوږ

læbe

شونډه

mund

خوله

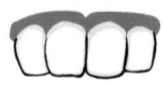

tand

غاښ

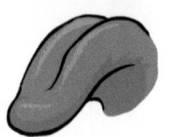

tunge

ژبه

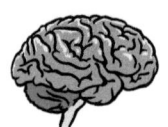

hjerne

مغز

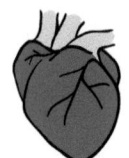

hjerte

زړه

muskel

عضله

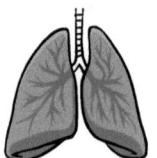

lunge

سږی

lever

ځیگر

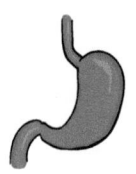

mavesæk

معده

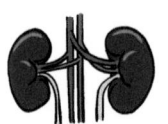

nyrer

پښتورگي

sex

جنسي نږدې والی

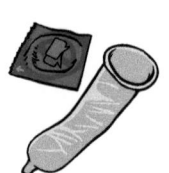

kondom

کاندوم

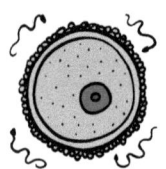

ægcelle

تخمه

sperm

مني

svangerskab

حمل

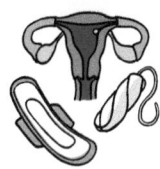

menstruation

حيض

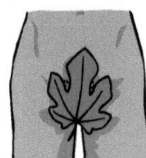

vagina

مهبل

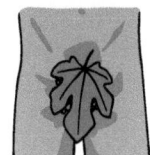

penis

د نارينه تناسلي آله

øjenbryn

وروځې

hår

ويښته

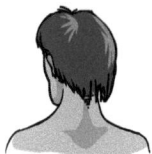

hals

غاړه

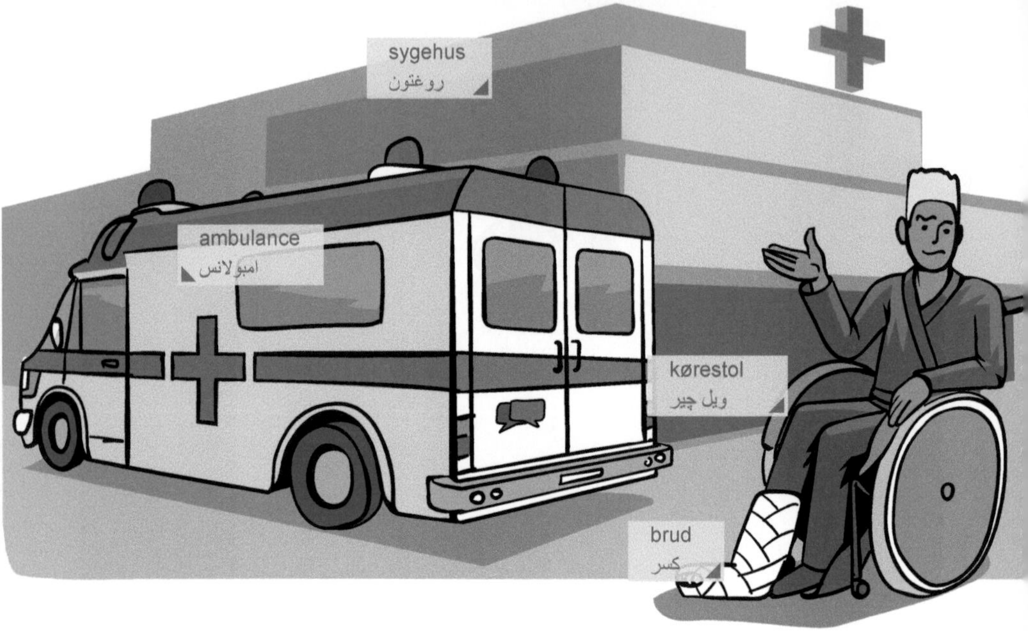

sygehus
روغتون

ambulance
امبولانس
kørestol
ویل چیر
brud
کسر

lægen

داکټر

akutmodtagelse

عاجل خونه

sygeplejerske

رنځورپال

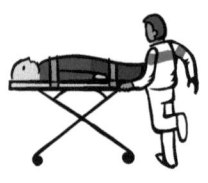

nødstilfælde

عاجل

bevidstløs

بي هوش

smerte

درد

skade

ټپ

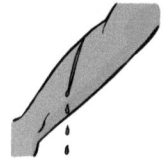

blødning

وينه تويدل

hjerteinfarkt

د زړه حمله

slagtilfælde

ضرب

allergi

حساسيت

hoste

ټوخی

feber

تبه

influenza

انفلوينزا

diarré

نس ناستی

hovedpine

سر درد

kræft

سرطان

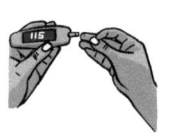

diabetes

شکر

kirurg

جراح

skalpel

سکالپل

operation

عمليات

CT

سي.ټي

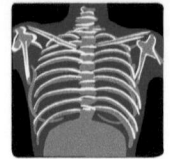

røntgen

ایکس ری

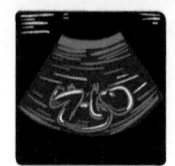

ultralyd

الټراساوند

maske

د مخ ماسک

sygdom

ناروغي

venteværelse

انتظار خونه

krykke

امسآ

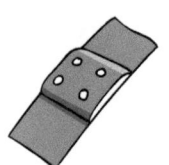

plaster

پلستر

forbinding

بنداژ

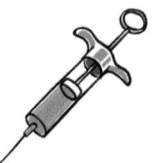

injektion

تزریق

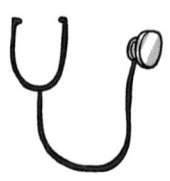

stetoskop

ستاتسکوپ

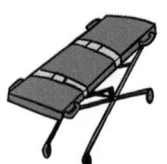

båre

تسکیره

termometer

کلینکي ترمامیټر

fødsel

زیږون

overvægt

زیات وزن

høreapparat

د اوریدو مرسته

desinficerende middel

د عفونیت څخه پاکونکي مواد

infektion

عفونیت

virus

ویروس

HIV / AIDS

ایچ.آی.وي/ایډز

medicin

درمل

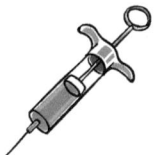

vaccination

واکسین

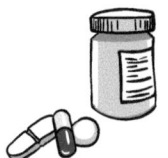

tabletter

ټابلیټس

pille

ګولی

nødopkald

عاجل تلیفون

blodtryksmåler

د وینې د فشار څارونکی

syg / rask

ناروغ/روغ

nødstilfælde

عاجل

Hjælp!

مرسته!

alarm

الارم

overfald

یرغل

angreb

برید

fare

خطر

nødudgang

عاجل لاره

Det brænder!

اور!

ildslukker

د اور وژونکی

uheld

پیښه

førstehjælps-kuffert

د لومری مرستي لوازم

SOS

ایس.او.ایس

politi

پولیس

Jorden
ځمکه

Europa

اروپا

Nordamerika

شمالي امريكا

Sydamerika

سهيلي امريكا

Afrika

افريقا

Asien

آسيا

Australien

آسټريليا

Atlanterhavet

اتلانتيک

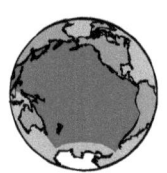

Stillehavet

پاسيفيک

Indiske Ocean

د هند بحر

Sydlige Ishav

جنوبي منجمد بحر

Ishav

د شمال قطب بحر

Nordpol

شمالي قطب

Sydpol

سهيلي قطب

Antarktis

انټارکټیکا

Jorden

ځمکه

land

ځمکه

hav

بحر

ø

ټاپو

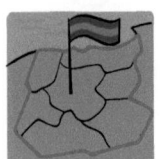

nation

ملت

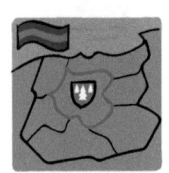

stat

دولت

ur
ساعت

urskive

....

د مخي ساعت

timeviser

....

د ساعت ستنه

minutviser

....

د دقيقي ستنه

sekundviser

....

د ثانيی ستنه

Hvad er klokken?

....

څه وخت دی؟

dag

....

ورځ

tid

....

وخت

nu

....

اوس

digitalur

....

ډيجيټل ساعت

minut

....

دقيقه

time

....

ساعت

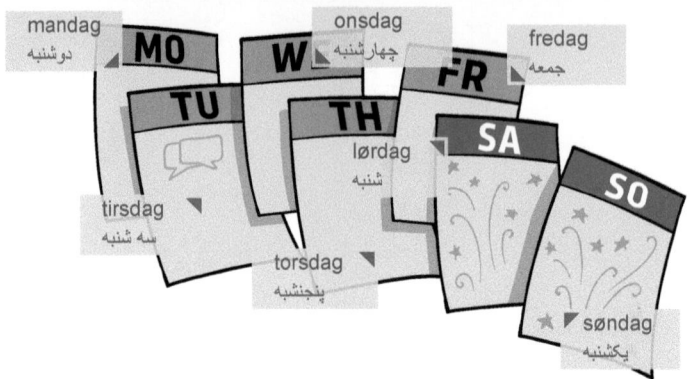

uge

اونۍ

mandag
دوشنبه
tirsdag
سه شنبه
onsdag
چهارشنبه
torsdag
پنجشنبه
fredag
جمعه
lørdag
شنبه
søndag
یکشنبه
FR
SO

i går

پرون

i dag

نن

i morgen

سبا

morgen

سهار

middag

غرمه

aften

ماښام

arbejdsdage

کاري ورځې

weekend

د اونۍ پای

år

کال

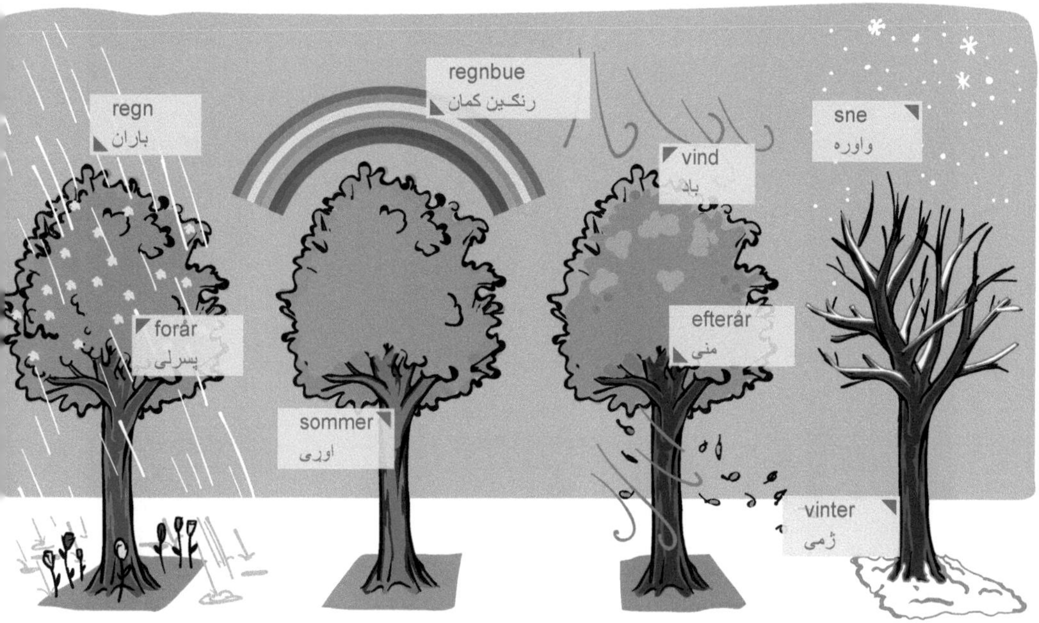

regn
باران
regnbue
رنګین کمان
vind
باد
sne
واوره
forår
پسرلی
sommer
اوری
efterår
مني
vinter
ژمی

4.APRIL 11°
5.APRIL 4°
6.APRIL 13°
7.APRIL 8°
8.APRIL 10°

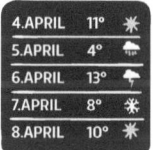

vejrudsigt

د موسم وړاندوینه

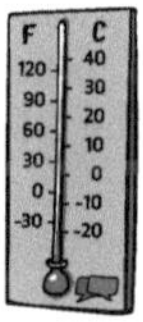

F
C
120
90
60
30
0
-30
40
30
20
10
0
-10
-20

termometer

ترمومیټر

solskin

د لمر وړانګې

sky

وریځ

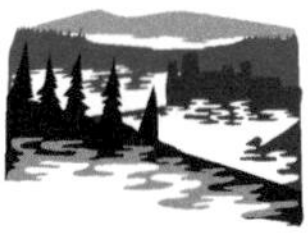

tåge

لړه

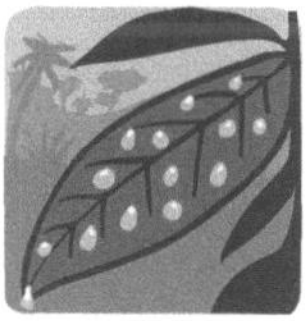

luftfugtighed

رطوبت

lyn

رڼا

torden

تندر

storm

توفان

hagl

ږلی وریدل

monsun

مون سون باران

flod

سیلاب

is

یخ

januar

جنوري

februar

فبروري

marts

مارچ

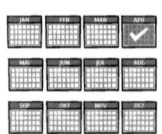

april

اپریل

maj

می

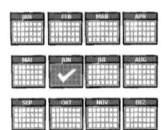

juni

جون

juli

جولای

august

اګست

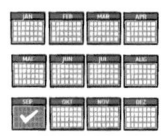

september

سپتمبر

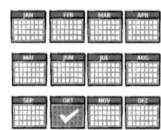

oktober

اکتوبر

november

نومبر

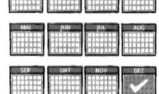

december

دسمبر

former

شکلونه

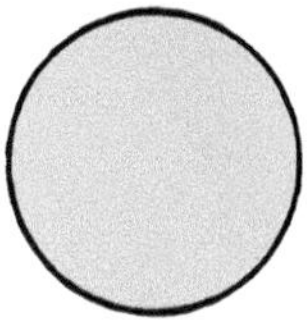

cirkel

دایره

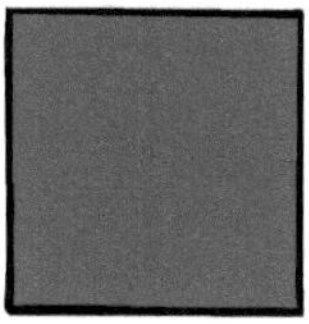

kvadrat

مربع

firkant

مستطیل

trekant

مثلث

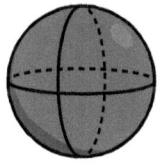

kugle

توپ

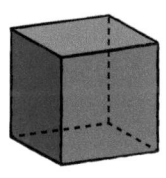

terning

فال

farver

رنګونه

hvid

سپين

gul

ژیړ

orange

نارنجي

pink

ګلابي

rød

سور

lilla

ارغواني

blå

نيلي

grøn

شين

brun

نسواري

grå

خړ

sort

تور

modsætninger
متضاد

meget / lidt

خورا ډير/خورا لږ

rasende / fredelig

قار/ارام

smuk / grim

ښکلې/بدشکله

begyndelse / slut

پيل/پاى

stor / lille

لوى/کوچنى

lys / mørk

روښانه/تياره

bror / søster

ورور/خور

ren / snavset

پاک/ککړ

fuldkommen / ufuldkommen

مکمل/نامکمل

dag / nat

ورځ/شپه

død / levende

مړ/ژوندى

bred / smal

پراخه/نرى

spiselig / uspiselig

د خوراک وړ/نه خوړل کیدونکی

vred / venlig

بد/مهربان

ophidset / kedet

پاریدلی/بي خونده

tyk / tynd

چاق/وچ

først / sidst

لومړی/وروستی

ven / fjende

ملګری/دښمن

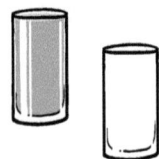

fuld / tom

ډک/تش

hård / blød

سخت/نرم

tung / let

دروند/سپک

sult / tørst

لوږه/تنده

syg / rask

ناروغ/روغ

illegal / legal

غیرقانوني/قانوني

intelligent / dum

هوښیار/ساده

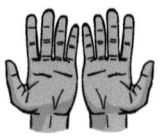

venstre / højre

کیڼ/ښي

nær / fjern

نږدې/لرې

ny / brugt

نوی/زوړ

intet / noget

هیڅ/یوڅه

gammel / ung

بدا/خوان

tændt / slukket

چالان/بند

åben / lukket

خلاصه/ترلی

stille / højt

غلی/لوړ غږ

rig / fattig

بدایه/غریب

rigtig / forkert

صحیح/غلط

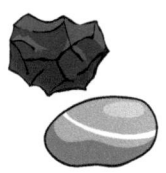

ru / glat

زیږ/ملایم

ked af det / lykkelig

خفه/خوښ

kort / lang

لند/اوږد

langsom / hurtig

سست/گړندی

våd / tør

لوند/وچ

varm / kold

گرم/یخ

krig / fred

جگړه/سوله

tal

شمیرې

0	1	2
nul	en	to
صفر	یو	دوه
3	4	5
tre	fire	fem
دري	څلور	پنځه
6	7	8
seks	syv	otte
شپږ	اوه	اته
9	10	11
ni	ti	elleve
نهه	لس	یولس

12	13	14
tolv	tretten	fjorten
دولس	ديارلس	څوارلس
15	**16**	**17**
femten	seksten	sytten
پنځلس	شپاړس	وولس
18	**19**	**20**
atten	nitten	tyve
اتلس	نولس	شل
100	**1.000**	**1.000.000**
hundrede	tusinde	million
سل	زر	میلیون

sprog
ژبې

engelsk

انګلسي

amerikansk engelsk

امريکايي انګلسي

kinesisk mandarin

چينايي مندرين

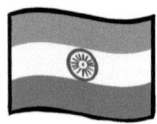

hindi

هندي

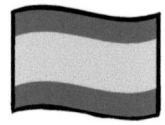

spansk

هسپانوي

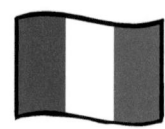

fransk

فرانسوي

arabisk

عربي

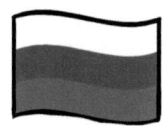

russisk

روسي

portugisisk

پرتګالي

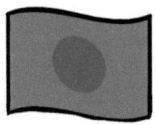

bengalsk

بنګالي

tysk

آلماني

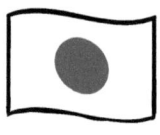

japansk

جاپاني

hvem / hvad / hvordan
څوک/څه/څنګه

jeg

زه

du

ته

han / hun / den / det

هغه/دغه/دا

vi

موږ

I

تاسي

de

دوی/هغوی

hvem?

څوک؟

hvad?

څه؟

hvordan?

څنګه؟

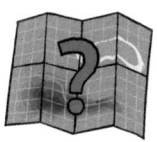

hvor?

چیرې؟

hvornår?

کله؟

navn

نوم

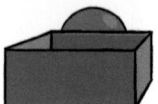

hvor

چیری

bag

شاته

i

په

foran

په مخه کي

over

باندي

på

په

under

لاندي

ved siden af

برسیره پر

imellem

ترمینځ

sted

ځای